तुम, मैं और आर्किड

अनंत प्रेम कि कविताएं

प्रियंका तंवर

Made with ♥ on the Notion Press Platform
www.notionpress.com

मेरी प्यारी नीता,

यह किताब मैंने आपके लिए लिखी है। आप मेरे जीवन में अब तक मिले सबसे खूबसूरत व्यक्ति हैं और मेरे दिल में एक बहुत ही खास जगह रखती हैं!

अंततः यह पुस्तक उन सभी लोगों को समर्पित है जो कविताओं से प्यार करते हैं। इस पुस्तक में अपार प्रेम है जो मैंने उस व्यक्ति के लिए महसूस किया है जिसने मुझे लिखने के लिए प्रेरित किया और मरते दम तक प्रेरणा देता रहेगा। यह किताब प्यार की एक यात्रा है जो हर एक इंसान करता है।

यह पुस्तक हर उस प्रेमी को समर्पित है, जिसने खामियों को देखे बिना आँख बंद करके प्यार किया है। हर प्रेमी के लिए जिसका प्यार इस दुनिया में किसी भी शब्द, किसी भी भावना या किसी भी भौतिक चीज़ से ऊपर है।

मेरे परिवार और दोस्तों को धन्यवाद जिन्होंने इस प्रयास में मेरा साथ दिया।

क्रम-सूची

प्रस्तावना

मैं बचपन से कविताएं लिखती रही हूं लेकिन कभी नहीं सोचा था कि मैं उन्हें किसी किताब में प्रकाशित करने का फैसला करुंगी। वजह रही होगी कि मैंने सोचा था कि समय के साथ कविता लिखने की यह आदत खत्म हो जाएगी लेकिन ऐसा होता नहीं दिख रहा था. अब कुछ वर्षों बाद मेरे पास इस पुस्तक को प्रकाशित करने और सभी काव्य प्रेमियों को समर्पित करने का कारण है। मुझे लगता है कि मेरी कविताएँ लोगों के दिलों को छू सकती हैं और कुछ लोग समझ सकते हैं कि जीवन भर कविता लिखकर किसी से प्यार करने का एक और तरीका है। मेरे हिसाब से किसी के लिए कविता लिखना उनके लिए अपने प्यार को अमर रखने का एक और तरीका है।

अनुक्रमणिका

कुर्बत

तेरी कुरबतों* के कर्ज़दार हुए बैठे है
सो शहर मे तेरे राज़दार हुए बैठे है

तुझे चाहा था हद -ए-जुनूं तलक*
सो खूं-ए-दिल-ए-दागदार* हुए बैठे है

पूछा था उनसे दोगे मेरा साथ उम्र भर ?
सवालात थे जो सब शर्मसार हुए बैठे हैं

ये तेरे शहर में कैसी हवा चल रही है
मासूम लोग हैं जो गुनहगार हुए बैठे हैं

तलबगार ए सूरत हैं सभी यहां
इशतिहां ए रूह* मे हम वफादार हुए बैठे हैं

तेरे हिज्र में मुझे हर ग़म मदावा है
तेरी मुहब्बत में खाकसार* हुए बैठे है

कुरबतों= Closeness

खूं-ए-दिल-ए-दागदार= Sadness,

इशतिहां ए रूह = Thirst of Soul

खाकसार= Destroyed

हद -ए-जुनूं तलक= Bordering to lunacy

अधूरा सा वादा

रूठकर हमसे किस राह जाईएगा
एक अधूरा सा वादा निभा जाईएगा

दीदनी है हालत मुहब्बत में जबतक
सियाहखाने* में यक शम जला जाईएगा

मांग लें फलक़ से आपको फिर एक दफा
नीमबाज़ आँखों को ख़वाब दिखा जाईएगा

यकजा करलू सितमज़दा दिल के टुकड़े
इस दफा जो आइएगा हस्ती मिटा जाईएगा

सुर्ख लबों कि खातिर क़ैस हो गए महबूब कितने
अबके सर से सौदा-ए-मुहब्बत हटा जाईएगा

सियाहखाने= Dark room

नींद क्यू

नींद क्यों मुझे रातभर नहीं आती?

जानेवाले, तेरी भी कुछ खबर नहीं आती

में अक्सर तेरे कुचे से गुजरा हूं,

वो खिड़की भी अब, वहां पर नजर नहीं आती

बाम पे देखा था एक रोज़ मेह को मैंने,

इस शहर में वो ईद मगर नहीं आती

दुनियाभर का सफर किया तेरी जुस्तजू में

तेरी जानिब जो ले जाती है, वो डगर नहीं आती

लौट आता हूं मै शब में काबे से,

पुकारने पर भी कोई आवाज़, अगर नहीं आती

इतनी आरज़ू न रख 'सहरा' सबा की,

इश्क-ए-सियाह-रातों की सहर नहीं आती

स्पर्श

तुम्हारे हाथों का स्पर्श, रह गया है मेरे हाथों में

फासले हुए, तो एक लंबा इंतजार रह गया है आंखों में

बिच्छड़ के तुमसे खौफ आता है गुलों से

किस क़दर सुकून नज़र आता है काटों में

तुम्ने कही फकत जरूरी बातें

यूं तो मरहम निकल ही आता बातों में

मेरी ग़ज़लें भी ले गए तुम अपने साथ

ख्वाब सारे के सारे टूटे है आंखों में

तुम्हारे हिज़ में किरदार बदल रहा है मेरा

अब मुझे कोई जीत नहीं पाता पश्मीना बातों में

मैं सोचती थी तुम आओगे दौड़ते हुए मुझ तक

सोचती थी इतना तो असर होगा मेरी आहों में

तेरा चेहरा

यूं तो तिरा चहरा मेरी निगाहों से दूर जा भी सकता था
तू अगर चाहता आवाज़ देकर मुझे बुला भी सकता था।

हां मगर ये न हुआ हम रहे अलाहदा∗ तेरी रज़ा पे
अलबत्ता तू ये रिश्ता निभा भी सकता था।

ये भी हो सकता था कि मैं तुझे भुला दूं हर तरह से
सर से सौदा-ए-इबादत-ए-महबूब जा भी सकता था।

मेरी तड़प का अंदाज़ा है तुझे ये मालूम है जाना
अज़ियत दूर कर तू खुद-सर∗ मेरे पास आ भी सकता था।

तेरा ज़िक्र मैं अपनी गज़लों मे चुपके से करता रहता हूं
मैं चाहता तो तिरा नाम ज़माने को बता भी सकता था।

अलाहदा= Separate

खुद-सर= Stubborn

रूठा हुआ हो खुदा

वो शख़्स जबसे जुदा हुआ मुझ से
जैसे रूठा हुआ हो खुदा मुझ से

ये कैसा गुनाह मैं कर बैठा हूं
एक बे-कसूर मांगता है सज़ा मुझ से

एक अरसा हुआ मैं घर न लौटा
वो रास्ता भी हुआ लापता मुझ से

ये कैसा इश्क़-ए-मुकाम पा गया हूं मैं
ज़माना हर बात पर है ख़फा मुझ से

मैं कोशिश मे हूं के मुझे सुकून आए
सो तेरी यादों का शहर है आशना मुझ से

ये क्या के तू भी तन्हा तन्हा रहता है
मैं भी आहिस्ता हो रहा हूं अला-हदा मुझ से

तेरे बिना मेरा हाल

तेरे बिना मेरा हाल कोई ना पूछे तो बेहतर है
दश्त ए ज़मीन को प्यार से ना सिंचे तो बेहतर है

शौख नज़र काई है ज़माने में तेरे सिवा
कोई तीर दिल की तरफ ना खींचे तो बेहतर है

तिरी आहट के सराब में देखा है मुड़ के मैंने
कोई ना खड़ा हो पीछे तो बेहतर है

देखे हैं कई दिलकश नज़ारे मैंने
मगर यूं भी नहीं के तेरे दरींचे से बेहतर है

अपनी तारीफ में तेरा नाम लिया करता हूं
कोई पूछे तो कहता हूं मेरे परिचय से बेहतर है

सरकार

ये क्या शय मुसलसल दरकार है मुझे
तेरे शहर से आते हर शख़्स पे एतबार है मुझे

आवाम को चाहिए सियासत में हुजूम लेक
वो वाहिद एक शख़्स सरकार है मुझे

यूँ तन्हा-तन्हा भी ठीक रहता हूँ मैं
मगर तू आए तो हर पल करार है मुझे

वो सर-ब-सर गुल-अंदाम* है हुज़ूर मेरे
मुहब्बत उस सादा चहरे से बेशुमार है मुझे

सारे मौसम-ओ-फ़ज़ा एक तरफ है यारा
माहजबिन-ए-फस्ल-ए-जवानी* बहार है मुझे

सर-ब-सर गुल-अंदाम= A body delicate like a flower

माहजबिन-ए-फस्ल-ए-जवानी= Season of youth of a person
whose face resembles the moon

तू ना मिला

एक तू न मिला तो ज़माने भर का मैं क्या करूँगा?
तन्हा तनहा अच्छा लगता है, महफिल में जकार हिमाकत करूंगा

तेरी चश्म ए जंगल में रहा एक उम्र मैं
यूं बिच्छड़ कर सुने शहर में कैसे गुजारा करूंगा?

तू आए तो लेते आना निगाह-ए-मरहम सारे
ज़ख़्म दुखेगा तो तेरी आँखों में देखा करूँगा

तू फिर से कोई वादा करना निभाने का,
मैं फिर मुहब्बत में अपना खसरा करूंगा

तेरे हाथों से छूटे हैं मेरे हाथ ऐसे,
अब रात भर अपने हाथों को चूमा करूंगा

तू रहना मेरे साइन में ताह-उमर जाना
मैं चुपके से तन्हाई में तुम्हें पुकारा करूंगा

शेर

वो मेरा रूमाल ले गया हैं आखिरी मुलाकात में
रुख पे परेशां बाल ले गया है आखिरी मुलाकात में

निभाने के वादे, मुहब्बत की निशानी, ज़माने का तकाज़ा
एक वादे पे कई साल ले गया हैं आखिरी मुलाकात में

सारे के सारे मौसम बेरंग हुए है
मेरी हयात का गुलाल ले गया हैं आखिरी मुलाकात में

तोहफा

दर्द-ए-तन्हाई भी तुझसे ही मिली,

तेरा ही दिया हुआ तोहफा है

मैं महरूम सही तेरे साथ से,

यादें भी तेरा ही दिया हुआ तोहफा है

मसरूफ सही में दुनिया जहां के कामों में

दिन का एक ख्याल तेरा जरूरी होता है

सुनो... दिन का एक ख्याल भी

तेरा ही दिया हुआ तोहफा है।

कोई पूछे मुझसे तेरे बारे में, जो छलकता है एक आंसू

वो मेरी आँख का होता है

सुना तुमने?...ये तेरा ही दिया हुआ तोहफा है।

एक अरसा हुआ तर्क-ए-तअल्लुक़ात को,

बरसो पुराना प्यार सीने में आज भी छूप के रोता है

नीता

तिरी आंखो पे मैने रुबाई लिखी है
चार मिस्रों में ज़िंदगी कि कमाई लिखी है

आखिर में लिखे हैं सितम तेरे
दिल कि ज़मीं पे शिकस्त पाई लिखी है

मैं तिरी सोहबत में हरा था खुदा जानता था
फिर भी क़सदन उसने जुदाई लिखी है

सब्र फुर्क़त मे आ जाता है कह गए है दाग़
ये न बताया ताउम्र फिर इसतराब-ओ-तन्हाई* लिखी है

ये मर्ज़ी है तेरी तूने मुझे जुदा रखा है मगर
हर ग़ज़ल मे तू मुझमे समाई लिखी है

सबने लिखे हैं अपनी दसतरस* के खज़ाने
मैने सब खज़ानो पे भारी तेरी अंगडाई लिखी है।

इसतराब-ओ-तन्हाई= Lonliness, restlessness

दसतरस= Possession, Control

शेर

एक दरिया है कू* ए दिल में तेरी यादों का
कई भ्रम लिए बैठे है वीराने में तेरे वादों का

दर्द की दहलीज़ पर ये आखिरी रात है मेरी
एक रात ठहर जा भरोसा नहीं मेरे इरादों का

कू= Street

फिर उस गली से गुज़ारना है?

फिर उस गली से गुज़रना है? नहीं तो।

उसको भुलाने कि तमन्ना है? नहीं तो।

उसकी महरूमियत से खुश है? नहीं तो।

फिर उसकी जानिब चलना है? नहीं तो।

दर्द में कुछ कमीं आई है? नहीं तो।

क्या चारागर की जरूरत है? नहीं तो।

कोई शय नई दरकार है? नहीं तो।

वो आए गर फिर से छोड़कर जाने को, मंज़ूर है? हां।

प्यार-व्यार बेकार किया

उसके वादे पर एतबार किया
एक नही सौ बार किया

सारा जहान छोड़कर मैंने
बस उसको अपना घर-बार किया

टूटकर यूं दिल ने चाहा उसको
एक यही गुनाह मेरे यार किया

उसको जाता देखा मैंने
दिल को फिर दो-चार किया

तुझे दुआओं में मांगा मैंने, फिर
मन्नत का धागा तार-तार किया

बेहतर तो ये था उम्र तन्हा गुज़रती
'सहरा' ये प्यार-व्यार बेकार किया